Inhalt

Neuregelungen des Bilanzierungsstandards für Finanzinstrumente

Kernthesen

Beitrag

Fallbeispiele

Weiterführende Literatur

Impressum

Neuregelungen des Bilanzierungsstandards für Finanzinstrumente

A. Kaindl

Kernthesen

- Heftige Kritik am IAS 39 haben das International Accounting Standards Board (IASB) veranlasst, im August 2003 einen neuen Vorschlag zum Fair Value Hedge Accounting für Zinsportfolien zu veröffentlichen.
- Der neue Vorschlag ermöglicht die Darstellung der Absicherung gegen Zinsänderungsrisiken durch Makro-Hedges anstelle der bisherigen restriktiven Abbildung durch Mikro-Hedges.
- Der überarbeitete Standard bedeutet für die

Unternehmen Erleichterungen bei der praktischen Umsetzung der Reglungen des IAS 39 und eine geringere Ergebnisvolatilität.

Beitrag

Neuer Vorschlag zum Fair Value Hedge Accounting für Zinsportfolien

Hedging ist eine Form der Risikobegrenzung, bei der ganz allgemein zu einem vorhandenen oder einem antizipierten Grundgeschäft temporär ein entgegengesetztes Sicherungsinstrument so kontrahiert wird, dass sich Verluste und Gewinne bzw. die Cash-flows aus beiden Geschäften bei Marktpreisänderungen möglichst vollständig kompensieren. Ansprüche und Verpflichtungen aus den Sicherungsinstrumenten sind denen aus dem Grundgeschäft stets entgegengesetzt. Unter Hedge Accounting wird die bilanzielle Abbildung einer Sicherungsbeziehung verstanden.

Seit seiner erstmaligen Anwendung im Jahre 2001 ist der IAS 39, der Rechnungslegungsstandard für

Finanzinstrumente sehr umstritten. Ein wesentlicher Vorwurf lautete, dass die restriktiven Vorschriften zum Hedge Accounting, also der kompensatorischen Abbildung gegenläufiger Wertentwicklungen eines risikobehafteten Grund- und eines Sicherungsgeschäfts, die Ertragslage verzerren. Grund dafür war die asymmetrische Erfassung von Fair Value (beizulegender Zeitwert) Änderungen aus gesichertem zinstragenden Grundgeschäft und dem Sicherungsgeschäft. Dass das Sicherungsinstrument in einem Hedge-Zusammenhang mit dem Grundgeschäft steht, und das ein Wertverlust in der einen Position durch eine Wertsteigerung in der anderen Position kompensiert wird, erkannte IAS 39 bisher nur sehr eingeschränkt an. Einer der Gründe dafür lag darin, dass sich beide Positionen hinsichtlich Laufzeit und Betrag oft nur ungefähr entsprechen. Die heftige Kritik einer Allianz von Politikern diverser EU-Staaten und von EU-Branchenverbänden sowie von zahlreichen Unternehmen haben das IASB veranlasst im August 2003 einen neuen Vorschlag zur bilanziellen Abbildung von Absicherungen gegen Zinsänderungsrisiken auf Portfoliobasis (Fair Value Hedge Accounting for a Portfolio Hedge of Interest Rate Risk) vorzulegen. (1), (8), (9)

Der überarbeitete Standard ermöglicht den Unternehmen, bestimmte Zinsrisiken zusammenzufassen und durch derivative Geschäfte abzusichern. Mit den Neuregelungen zum Fair Value Hedge Accounting für Zinsportfolien ist das IASB dem Grundsatz einer erfolgswirksamen Bewertung von Derivaten zum Zeitwert treu geblieben. Allerdings ermöglicht der Neuentwurf die Darstellung der Absicherung gegen Zinsänderungsrisiken durch Makro-Hedges anstelle der bisherigen restriktiven Abbildung von Mikro-Hedges und somit eine sachgerechtere Abbildung von Risikomanagementstrategien. Außerdem können Unternehmen künftig mit Erleichterungen bei der praktischen Umsetzung der IAS/IFRS-Regeln und mit geringeren Ergebnisvolatilitäten rechnen. (1), (2), (7)

Im September 2003 hat die EU-Kommission 32 IAS-Regelungen freigegeben, auf deren Basis die 7000 börsennotierten Gesellschaften der EU von 2005 an bilanzieren müssen (siehe Knowledge Summery: IAS-Umstellung 2005). Die umstrittenen Standards 32 und 39 wurden ausgeklammert. (4)

Zu dem vom IASB im August 2003 veröffentlichten Entwurf zur Absicherung von Risiken auf Portfolio-Ebene (Makro Hedging) können bis zum 14. November 2003 Stellungnahmen abgegeben werden. In seiner endgültigen Fassung soll IAS 39 im ersten Quartal 2004 verabschiedet werden. Dieser Zeitplan wirft praktische Probleme auf, da alle kapitalmarktorientierten EU-Unternehmen von 2005 an nach IAS/IFRS bilanzieren und somit bereits eine IAS-Bilanz für 2004 als Vergleichsbasis erstellen müssen. Aufgrund dessen hat das IASB beschlossen, dass die betroffenen Unternehmen keine Vorjahreszahlen zu IAS 39 angeben müssen. (3), (7)

Die vorgeschlagenen Neuregelungen unterscheiden sich von den US-GAAP. Der Chef des amerikanischen Rechnungslegungsgremium Financial Accounting Standards Board (FASB) hält die Abweichung der neuen IAS 39-Regelung von den US-Bilanzierungsregeln für begrenzt. Sollten die Vorschläge des IASB breite Zustimmung erhalten, könnte das FASB sie sogar auf die USA übertragen. (6)

Probleme mit den bisherigen Regelungen des IAS 39

Die bisherige IAS-39-Bestimmung führte nach Einschätzung der betroffenen Unternehmen zu erheblichen Verzerrungen in den Geschäftsergebnissen. Diese ergaben sich vor allem daraus, dass das Grundgeschäft und das als Sicherung eingesetzte Derivat bei IAS 39 asymmetrisch erfasst wurden. Während die erste Position bisher in der Regel zu fortgeführten Anschaffungskosten bewertet wurde und daher zwischenzeitliche Änderungen des Fair Value nicht ergebniswirksam wurden, musste das Derivat zu seinem Zeitwert mit entsprechendem Ausweis in der Gewinn- und Verlustrechnung (GuV) erfasst werden. Das bedeutete, bei der Absicherungsposition schlugen Wertänderungen voll durch. Um Sicherungsbeziehungen im Hinblick auf ihre Ergebniswirksamkeit adäquat darstellen zu können, sind daher Sonderregelungen zum Hedge Accounting erforderlich. Sicherungszusammenhänge waren zu dokumentieren und die Effektivität des Hedges, d.h. die voraussichtliche und auch die ex post eingetretene Wertkompensation der Fair Value Änderungen aus Grund- und Sicherungsgeschäft, nachzuweisen. (1), (9)

Im alten IAS 39 waren die Vorschriften zur Abbildung von Sicherungsbeziehungen im Jahresabschluss an sehr restriktive Voraussetzungen geknüpft. Grundsätzlich konnten nur Mikro-Sicherungsbeziehungen abgebildet werden, wobei als Sicherungsinstrumente regelmäßig Derivate in Betracht kamen. Jedes Derivat musste einem genau definierten einzelnen Risiko zugeordnet werden. Die Absicherung von Portfolien war zwar möglich, jedoch war der Portfoliobegriff wesentlich enger gefasst, als in der deutschen und kontinentaleuropäischen Praxis üblich. Bestandteil eines solchen Portfolios konnten nur Vermögenswerte bzw. Verpflichtungen mit jeweils ähnlichen Risikostrukturen sein. Eine Zusammenfassung verschiedener Aktien zu einem Portfolio und dessen Absicherung durch ein Index-Derivat erfüllte bspw. nicht die Voraussetzungen an den früher in den IAS verwendeten Portfolio-Begriff. Auch bei Portfolio Hedges mussten einzelne Vermögenswerte oder Schulden als Grundgeschäft designiert werden. Der damit verbundene Dokumentationsaufwand und die notwendigen systemtechnischen Anpassungen waren immens. Da sich in der Praxis die Derivatepositionen oft nicht einzelnen Geschäften zuordnen ließen, war die GuV erheblichen Schwankungen ausgesetzt. Der Grund hiefür lag darin, dass das Derivat von der tatsächlichen Entwicklung des zu Grunde liegenden Geschäfts abgekoppelt war. Verloren bspw. die Marktwerte der Derivate stark an Wert, belastete dies die GuV, obwohl tatsächlich wegen der entgegengesetzten Wertentwicklung des Grundgeschäfts überhaupt kein oder nur ein geringer Verlust eingetreten war. (1), (2), (3)

Neuregelungen des IAS 39

Der neue Vorschlag des IASB zum Fair Value Hedge Accounting zinstragender Bilanzposten sieht nunmehr Vereinfachungen für Hedges auf Portfolio-Basis vor. Das Risiko ganzer Portfolios kann durch gegenläufige Positionen abgesichert werden (Makro-Hedging), ohne dass dabei die einzelnen gesicherten Vermögensgegenstände bzw. Schulden ihrem jeweiligen Sicherungsgeschäft zuzuordnen sind. Dies bringt den großen Vorteil mit sich, dass der bisherige kaum zu bewältigende Buchungs- und Dokumentationsaufwand aufgrund der erforderlichen unzähligen Buchwertanpassungen einzelner Vermögenswerte und Schulden erheblich reduziert wird. Stattdessen sieht der neue Vorschlag des IASB eine aggregierte Erfassung der Marktwertänderungen der gesicherten Position mittels einer separaten Bilanzposition unter den Aktiva bzw. Passiva vor. Das abzusichernde Portfolio ist auf der Basis der zu erwartenden nicht der vertraglichen Zinsanpassungstermine in Zeitfenster zu zerlegen. Außerdem muss das Zinsänderungsrisiko, das gesichert werden soll, festgelegt werden. Nach der Designierung der Grundgeschäfte je Zeitfenster sind die derivativen Sicherungsinstrumente je Zeitfenster zu bestimmen. Für ein Zeitfenster können einzelne Derivate oder auch Portfolios von Derivaten mit gegenläufigen Risiken als Sicherungsinstrumente bestimmt werden. Die verwendeten Absicherungsmethoden müssen wie bisher regelmäßig mit Hilfe von Effektivitätstests überprüft werden. Materielle Ineffektivitäten von Sicherungsbeziehungen sind zu identifizieren und ergebniswirksam zu erfassen. (1), (2), (10)

Fallbeispiele

Thomas Naumann, Chief Financial Officer bei der Kreditabwicklungseinheit der Dresdner Bank, vertrat auf einer vom Deutschen Rechnungslegungs Standards Committee veranstalteten Anhörung zur Neufassung des IAS 39 die Meinung, dass es sich bei der neuen Version von IAS 39 lediglich um eine Reparaturaktion handele. Lothar Jerzembek vom Bundesverband Öffentlicher Banken Deutschlands (VÖB) lobte auf der gleichen Veranstaltung die erreichten Fortschritte mit der Neuregelung des IAS 39. Allerdings würden die vom IASB vorgeschlagenen Ansätze zur Bestimmung der Grund- und Sicherungsgeschäfte nicht das moderne Risikomanagement widerspiegeln. Darüber hinaus forderte er eine Berücksichtigung der core deposits. (5)

Wolfgang Sprißler, der Finanzvorstand der

HypoVereinsbank und Vorsitzender des Bilanzierungsausschusses im Bundesverband deutscher Banken (BdB), hatte den Standard IAS 39 in seiner ursprünglichen Version als Sargnagelthema bezeichnet. (7)

Weiterführende Literatur

(1) "Neuregelungen zu IAS 39 sind zu begrüßen" Mutiger Schritt des IASB - Plausibilisierung und Abstimmbarkeit der Ergebnisse verbessert - Geringerer Dokumentationsaufwand
aus Börsen-Zeitung, 22.08.2003, Nummer 161, Seite 18

(2) IAS-Rechnungslegung - Makro statt Mikro - wahrlich ein großer Unterschied
aus Zeitschrift für das gesamte Kreditwesen Nr. 18 vom 15.09.2003 Seite 1000

(3) Ausschuss passt Bilanzregeln an die Praxis an Rechnungslegungsgremium IASB ermöglicht Portfolio-Absicherung
aus Financial Times Deutschland vom 22.08.2003, Seite 16

(4) IAS 39: Bewegung begrüßt
aus Frankfurter Allgemeine Zeitung, 02.10.2003, Nr. 229, S. 23

(5) Noch immer Nachbesserungsbedarf bei IAS 39

Anhörung des DRSC - Bankenvertreter kritisieren Behandlung von Spareinlagen und internen Kontrakten
aus Börsen-Zeitung, 02.10.2003, Nummer 190, Seite 17

(6) USA schalten sich in europäischen Bilanzstreit ein Ziel einer einheitlichen Rechnungslegung gefährdet
aus Financial Times Deutschland vom 26.08.2003, Seite 20

(7) Die massive Kritik der Banken am IASB trägt erste Früchte Effektiveres Hedging wird möglich - "Sachgerechtere Abbildung von Risikomanagementstrategien" - IAS-Anwender zu Stellungnahmen eingeladen
aus Börsen-Zeitung, 22.08.2003, Nummer 161, Seite 18

(8) Die zentralen Kritikpunkte Der alte Entwurf
aus Börsen-Zeitung, 22.08.2003, Nummer 161, Seite 18

(9) Änderungen in der Bank-Rechnungslegung nach IAS
aus Frankfurter Allgemeine Zeitung, 23.08.2003, Nr. 195, S. 16

(10) Kernpunkte des Entwurfs zum Makro-Hedging
aus Börsen-Zeitung, 22.08.2003, Nummer 161, Seite 18

Impressum

Neuregelungen des Bilanzierungsstandards für Finanzinstrumente

Bibliografische Information der deutschen Nationalbibliothek

Die Deutsche Nationalbibliothek verzeichnet diese Publikation in der deutschen Nationalbibliografie; detaillierte bibliografische Daten sind im Internet über http://dnb.d-nb.de abrufbar.

ISBN: 978-3-7379-1309-6

© 2015 GBI-Genios Deutsche Wirtschaftsdatenbank GmbH, Freischützstraße 96, 81927 München, www.genios.de

Alle Rechte vorbehalten. Dieses Werk ist einschließlich aller seiner Teile – z.B. Texte, Tabellen und Grafiken - urheberrechtlich geschützt. Jede Verwertung außerhalb der Grenzen des Urheberrechtsgesetzes bedarf der vorherigen Zustimmung des Verlags. Dies gilt insbesondere auch für auszugsweise Nachdrucke, fotomechanische

Vervielfältigungen (Fotokopie/Mikroskopie), Übersetzungen, Auswertungen durch Datenbanken oder ähnliche Einrichtungen und die Einspeicherung und Verarbeitung in elektronischen Systemen.